UN SUSTO ARTIFICIAL

Houghton Mifflin Harcourt

por Jackie Churchill
ilustrado por Sarah Snow

Printed in Mexico

ISBN: 978-0-544-16706-3

2 3 4 5 6 7 8 9 10 0908 22 21 20 19 18 17 16

4500596819 A B C D E F G

ELENCO
NARRADOR
ESME ORTIZ
EDDIE ORTIZ
SR. ORTIZ
NICK NASH
JUDY CHAN
MARTY LOUD
PROFESOR DROON

Primer acto

NARRADOR: Estás por conocer a Esme y Eddie Ortiz. Son gemelos, pero más allá de eso, son niños comunes de diez años. Viven con su padre en un vecindario suburbano normal. Pero Esme y Eddie están por tener un día extraordinario.

(EDDIE *está sentado a una mesa, frente a una computadora portátil abierta. Parece que está mirando algo atrapante. Entra* ESME).

ESME: Hola, hermano. ¿Qué haces?

(EDDIE *no responde).*

ESME: *(Le da un empujoncito suave).* ¡Eddie! ¡Te estoy hablando!

(Aún no hay respuesta. ESME *cierra la computadora con fuerza).*

ESME: ¡Te estoy hablando!

EDDIE: *(aturdido)* ¿Eh? ¿Qué...? Ah, hola. ¿Qué pasa?

ESME: ¡Estabas ignorándome!

EDDIE: No sé de qué hablas. Todo lo que sé es que estaba viendo algo fascinante, como hipnotizado, y después desapareció. Y ahora tú me estás gritando.

ESME: *¿Hipnotizado?* ¡Eso es ridículo! Muéstrame lo que mirabas.

*(*EDDIE *abre la computadora. Miran la pantalla).*

ESME: La pantalla está negra. Qué chiste más tonto. *(Comienza a alejarse).*

EDDIE: ¡Espera! ¡Aquí está! Aquí...

(Vuelve a quedar hipnotizado).

(Ahora ESME *se alarmó. Mira la pantalla por sobre el hombro de* EDDIE*).*

ESME: ¡Está negra otra vez! *(Cierra la computadora con fuerza).* ¡Deja de hacer eso! ¡Ahora!

EDDIE: ¡No estoy bromeando! Lo único que sé es que cuando abrí la computadora, había un video asombroso y no pude dejar de mirarlo.

ESME: Sí, claro. Muévete; déjame ver qué te tiene tan aturdido.

(Empuja a EDDIE *y se sienta.* EDDIE *se para a un costado, molesto.* ESME *abre la computadora).*

ESME: Vaya... *(Al igual que* EDDIE, *entra rápidamente en un profundo trance por lo que ve).*

EDDIE: ¿Ves? ¡Te lo dije! ¿No es lo más genial que hayas visto? *(*ESME *no responde.* EDDIE *mira la pantalla por sobre los hombros de* ESME*).* ¡Está negra otra vez!

ESME: *(aturdida)* ¿Adónde se fue?

(Se miran el uno al otro).

EDDIE: No lo entiendo. ¿Qué veías?

ESME: Fue genial. Eran imágenes y sonidos de todas las cosas que me gustan. Había montañas rusas y tirolesas, y estaban mis canciones favoritas. Y era como si estuviera haciendo todas esas cosas a la vez.

EDDIE: ¡Qué extraño! ¡El sitio que miraba tenía aparatos tecnológicos excelentes y todas mis comidas favoritas! ¡Hagámoslo de nuevo! *(Miran la pantalla juntos. Aprietan algunas teclas).* ¡No pasa nada! ¡Está muerta!

(Entra el SR. ORTIZ*).*

SR. ORTIZ: ¿Pueden dejarme la computadora unos segundos, niños? Necesito revisar mi correo electrónico. *(*ESME *y* EDDIE *se corren a un costado. El* SR. ORTIZ *se sienta frente a la computadora).* Vaya… estoy jugando al golf… *(Se queda muy quieto de inmediato).*

EDDIE: ¿Qué ocurre, papá? ¿Qué ves? *(El* SR. ORTIZ *no responde).*

ESME: ¡Papá! *(Intenta empujarlo, pero el* SR. ORTIZ *está inmóvil en su lugar).* ¡PAPÁ! *(a* EDDIE*)* ¡Está hipnotizado! ¿Qué hacemos?

EDDIE: Esto es demasiado extraño. *(Saca su teléfono celular y hace una llamada).* ¡Nick! ¡Soy yo! ¡Encontrémonos en el parque! ¡Ahora! ¡Y NO lleves tu tableta! *(a* ESME*)* Vamos, ¡quizás Nick sepa lo que ocurre!

(Salen con prisa).

Segundo acto, Escena 1

NARRADOR: Eddie, junto con Esme, consulta a su amigo Nick en el parque. Nick también está perplejo. Escuchemos.

NICK: *(mientras mueve la cabeza lentamente)* Este es un suceso sin precedentes. Está claro que hay alguna falla tecnológica importante.

EDDIE: Entonces, ¿por qué no te afectó a ti también? ¡Siempre estás en línea!

NICK: *(Se aclara la garganta)*. Bueno, no es fácil admitir esto, se me agotó la batería. Y no pude encontrar mi cable de alimentación.

ESME: *(Se burla)*. ¿En serio? ¿El señor Tecnología se quedó sin energía? ¡Ja!

EDDIE: Esme, así no ayudas. *(a* NICK*)* ¿Qué crees que ocurre?

NICK: Realmente, no salgo de mi asombro. Su papá está inmovilizado frente a la pantalla de una computadora, y mi madre también. Nosotros tres estuvimos cerca de quedar igual. Es realmente indescriptible. Creo que lo mejor que podemos hacer es hablar con el profesor Droon.

ESME: ¿El profesor Droon? Eddie, ¿no sueles barrer las hojas en su casa?

EDDIE: Correcto; y a veces Nick visita el laboratorio de su casa. ¿No te enseñó a programar?

NICK: Tenemos que verlo. No hay tiempo que perder. Vamos.

(Parten con prisa).

Segundo acto, Escena 2

NARRADOR: Mientras Eddie, Esme y Nick se apuran para llegar a consultar al profesor Droon, vemos qué dice un canal de noticias local que informa sobre la situación.

(La presentadora de noticias JUDY CHAN *está sentada en el estudio. Hay un monitor sobre ella. Tiene una tableta cerca, sobre el escritorio).*

JUDY CHAN: *(muy seria)* Buenas tardes. Tenemos noticias de último momento. Nos llegan informes de todas partes sobre adultos paralizados frente a pantallas de computadora en hogares y oficinas. Las autoridades reaccionaron con asombro. Nos han pedido transmitir este mensaje importante: Apaguen todas sus computadoras. No miren, repetimos, no miren la pantalla. El reportero Marty Loud nos da más información.

*(*MARTY LOUD *aparece en el monitor. Casi al final de su informe,* JUDY CHAN *toma su tableta).*

MARTY LOUD: Gracias, Judy. Pasemos a lo que sabemos. *(Habla en voz muy alta, en pánico)*. ¡ES UNA LOCURA! ¡LAS COMPUTADORAS, LA INTELIGENCIA ARTIFICIAL QUE NOSOTROS MISMOS HEMOS CREADO, NOS ESTÁN DOMINANDO! *(Se calma un poco, pero sigue hablando en voz muy alta)*. De verdad, televidentes, ¡esto es muy serio! Hasta ahora, nadie entiende por qué, ¡pero las computadoras están hipnotizando a las personas! ¡Hasta el momento, los más afectados son los adultos! ¡Los niños parecen tener la capacidad de retirarse de las pantallas! *(Vuelve a desesperarse)*. ¡JUDY, TENGO TANTO MIEDO! ¿QUÉ VAMOS A HACER?

JUDY CHAN: *(Mira su tableta y queda paralizada)*. ¡Ah, cuántas rebajas! Ahora estoy en el spa…

MARTY LOUD: ¡Judy! ¿Me escuchas, Judy? ¡AAAH!

Tercer acto, Escena 1

NARRADOR: Parece claro que las cosas están fuera de control. O quizás es que esa inteligencia artificial, o IA, tiene el control. ¿Podrán unos niños comunes y un genio de las computadoras retirado salvar el mundo? Veamos qué se proponen.

(ESME, EDDIE *y* NICK *están con el* PROFESOR DROON *en su laboratorio. El profesor está sentado frente a una computadora portátil, y se lo ve entretenido).*

PROFESOR DROON: *(Ríe entre dientes).* Siempre supe que algún día la inteligencia artificial desarrollaría una sed de control. Es algo que los humanos tienen, ¿no es así? Y la IA sabe que es más fácil hipnotizar a los adultos. Como la mente de los niños es más abierta y flexible, tienen más capacidad para evitar quedar paralizados.

EDDIE: ¿Pero por qué la pantalla se puso negra cuando Esme y yo la miramos juntos?

PROFESOR DROON: Quizá la IA no pueda procesar gemelos y por eso no haya podido transmitir una combinación de sus deseos incompatibles.
NICK: Usted puede arreglar esto, ¿no es cierto, profesor? ¡Usted fue uno de los que programaron la IA!
(ESME *y* EDDIE *parecen asombrados)*.
PROFESOR DROON: Sí, pero la solución puede costar muy caro. Es posible que nunca salga del trance de la IA. *(Sonríe)*. Pero no se preocupen, niños; he tenido una buena vida. Y es posible que los efectos comiencen a desvanecerse con el tiempo. De cualquier manera, estoy dispuesto a hacerlo. ¿Y ustedes?
ESME: ¿Nosotros? ¿Qué podemos hacer *nosotros*?
PROFESOR DROON: Nick, tú conoces el código básico. Entrarás y lo reiniciarás. *(Toma una carpeta gruesa de un cajón y se la entrega a* NICK*)*. Cuando mire la pantalla y la IA me reconozca, quedaré inmovilizado de inmediato. Nick, tú empezarás a teclear. Va a llevar tiempo, así que Esme y Eddie pueden tomar tu lugar cuando te canses.
EDDIE: Pero no somos codificadores ni programadores. Es muy osado intentarlo.
PROFESOR DROON: ¡No te preocupes! Son casi todos ceros y unos. ¡Pueden hacerlo! *(El profesor abre su computadora portátil. La pantalla emite una imagen luminosa. El profesor queda inmóvil.* NICK, *a su lado, comienza a teclear)*.

Tercer acto, Escena dos

(Una semana después. ESME *y* EDDIE *están sentados frente a su mesa. Hay una computadora cerrada cerca. Entra el* SR. ORTIZ, *silbando).*

SR. ORTIZ: ¡Hola, niños, es un hermoso día! *(Se sienta frente a la computadora y la abre).* Sí… ahora estoy jugando al golf… (ESME *y* EDDIE, *alarmados, se sobresaltan.* EDDIE *cierra la computadora con fuerza. Los dos hablan al mismo tiempo).*

EDDIE: ¿Llamamos al profesor Droon?

ESME: ¿Papá? ¿Estás bien? ¡PAPÁ!

SR. ORTIZ: ¡Vaya, niños, relájense! ¡Solo quería ver los horarios del campo de golf! (ESME *y* EDDIE, *aliviados, lanzan un suspiro bien fuerte).*

NARRADOR: Y así, nuestros héroes se dan cuenta de que no hay nada que temer. Es un día como cualquier otro.

Responder

DESTREZA CLAVE Estructura del cuento

¿Cuáles son las partes más importantes de la obra de teatro que leíste? Copia y completa la siguiente tabla para hablar sobre los personajes, el escenario y la trama.

Personajes	Escenario
• Esme • Eddie	• •
Trama • •	

¡A escribir!

El texto y el mundo Imagina que eres reportero de un periódico y tienes que escribir sobre los extraños sucesos que ocurrieron en la obra. Escribe dos párrafos para informar sobre los sucesos. Asegúrate de incluir hechos y detalles en tu informe.

VOCABULARIO CLAVE

alarmarse
asombro
consultar
desvanecer
extraordinario
indescriptible
luminoso
osado
reaccionar
transmitir

AMPLIAR EL VOCABULARIO

aparato
falla
perplejo
suburbano

DESTREZA CLAVE **Estructura del cuento** Examina detalles sobre los personajes, el escenario y la trama.

ESTRATEGIA CLAVE **Inferir/Predecir** Usa claves del texto para descubrir qué es lo que el autor quiere decir o qué puede suceder en el futuro.

GÉNERO Una **obra de teatro** cuenta una historia a través de las palabras y las acciones de sus personajes.